Dieses Buch gehört:

Das kleine Schnapsbuch

... oder die Kunst, Branntwein zu veredeln

gesammelt und ausprobiert
von Jutta Kürtz

verlegt von

Wolfgang Hölker

Im Hölker-Verlag ist ebenfalls erschienen:

Hausmachers Schnapsbuch

von Jutta Kürtz

Dieses Buch ist die Grundlage für das vorliegende
„Kleine Schnapsbuch"

ISBN: 3-88117-375-7

© 1984 Verlag Wolfgang Hölker GmbH, Münster
Alle Rechte vorbehalten, auch auszugsweise
Graphische Gestaltung: Rainer Eichler
Printed in Germany by Druckhaus Cramer, Greven
Buchbinderische Verarbeitung:
Klemme & Bleimund, Bielefeld
Musterschutz angemeldet beim Amtsgericht Münster

Inhaltsverzeichnis

Vorwort

Schnäpseln mit Hausgemachtem – das ist ein ganz besonderes Vergnügen. Es braucht nicht viel, sich für und durch Selbstgebrautes zu erwärmen! Der Reiz der Zauberei, Früchte aus Feld und Flur und allerlei anderes in bauchigen Flaschen mit klarem Alkohol zu vermählen, nimmt schnell gefangen. Die Qual der Wahl, des Suchens und Wägens zuvor, die Spannung, sich vorzustellen, was aus dem Gesammelten werden mag. Das geduldige Beobachten dann, wie sich Kräutermixturen aromatisieren und verfärben. Goldgelb die einen, blutrot oder tiefgrün die anderen, manches gar schlummert teuflisch schwarz seiner Reife entgegen. Alchimisten gleich hantiert man mit Tröpflein und Prisen, mit Wurzeln und Beeren. Man läutert und schüttelt und filtert und pflegt und hegt mit Liebe und Geduld. Man kostet mit Bedacht und prüft und probiert, nimmt hier ein Kräutlein mehr, dort eines weniger und wartet auf Neues, das noch wächst und harrt der Reife des hausgemachten Wässerchens.

Das ist nichts für schnelle Schlucker und schon gar nichts für Ungeduldige. Hausgemachtes aus Buddeln und Bouteillen will mit Bedacht verkostet sein.

Wer kennt sie nicht, die geheimnisvoll gefüllten Flaschen, die man in manchem südlichen Land aus Bauernhand kaufen und mit Aug' und Zunge enträtseln kann. Kostbare Köstlichkeiten. Betörende Mixturen oft von nie geahntem Aroma. Wer kennt nicht die selbstgebrauten Elixiere, heimischen Gärtlein entsprungen, Proben geist-voller Heimarbeit, mit Kennermiene zu besonderem Anlaß nur hervorgeholt aus dem dunkelsten Winkel des Schnapsschränkleins, Gekauftem unvergleichbar.

Man braucht wenig, um Hausschnäpsler zu werden. Um Bar und Keller mit Geheimnisumwittertem zu füllen, bedarf es keiner großen Apparaturen. Denn gebrannt werden darf ohnehin nicht. Man setzt nur auf und „veredelt" auf individuelle Weise. Hilfreich jedoch ist auf jeden Fall ein traditions-verhafteter Apotheker, der gern auf alten Pfaden wandelt und mit Kräutern und Tinkturen, mit Rat und manchem eigenen Rezept mit-„schnäpseln" mag. Hilfreich ist auch ein trinkfester Mitstreiter, der Sinn für Schnaps-Ideen und geist-volle Spielereien hat und keine Mühe scheut, ans häufig weit entfernte Ziel zu gelangen. Zu allem braucht es dann noch Kreativität und Geduld. Mehr nicht. Der Hausgemachte entsteht so fast von selbst.

Flaschen –

sollten für die Schnaps-Herstellung möglichst weit-
halsig sein. Hervorragend eignen sich zum Ansetzen
ehemalige Fruchtsaft-Flaschen mit Twist-off-Ver-
schlüssen. Je nach Rezept werden sie zum Ziehen an
einen warmen, sonnigen Ort oder ganz dunkel und
kühl gestellt. Nach dem Filtrieren kann man dann jede
beliebige (und ansehnliche) Flasche nehmen, die sehr
gut zu verschließen ist.

Kräuter –

pflückt man gern frisch (aber nur im Notfall an viel-
befahrenen Straßen). Man spült sie gut ab und
trocknet sie vorsichtig an luftigem, schattigem Ort;
niemals an der Sonne direkt. Man kann sie z.B. mit
einer Zeitung als Unterlage auf einem warmen Fuß-
boden ausbreiten oder sie im ganz leicht geheizten
Backofen antrocknen. Getrocknete Kräuter lassen sich
in festverschlossenen Gläsern bis zu einem Jahr aufbe-
wahren. Viele Kräuter können tiefgekühlt werden.

Reiner Spiritus (Weingeist) –

ist nur in begrenzten Mengen in der Apotheke (und
nur dort) erhältlich. Er hat 90% Alkoholgehalt. Durch
eine dem Rezept entsprechende Zugabe von Wasser
verdünnt man ihn bis zur gewünschten Stärke.

Nie unverdünnt verwenden – das gibt einen „spritigen"
Geschmack! Schnäpse, die mit reinem Spiritus ange-
setzt werden, brauchen bis zu einem Jahr, um den
Sprit-Geschmack ganz zu verlieren.

Klarer –

ein auf Trinkstärke herabgesetzter, nicht durch Zu-
sätze aromatisierter Alkohol (38–40%). Im Handel
erhältlich von diversen Herstellerfirmen. Im Gegen-
satz zum *Korn*, der immer aus Getreide gebrannt ist,
kann der Klare auch ein Kartoffelschnaps sein. Klarer
Schnaps eignet sich besser zum Selbst-Ansetzen als
bereits aromatisierte Schnäpse.

Rum –

ist vor allem für heiße und kalte Punsche eine gute
Grundlage. Er sollte nie zu billig sein. Nur für warmen
Punsch eignet sich ein Rum-Verschnitt.
Sonst empfiehlt es sich, echten westindischen Rum zu
nehmen.

Wasser –

das man zur Schnapsbereitung braucht, sollte
möglichst rein sein. Wenn das häusliche Leitungs-

wasser zu kalkhaltig ist, nehme man zum Vermischen mit reinem Spiritus lieber destilliertes Wasser, das man in Apotheken und Drogerien kaufen kann.

Zucker läutern –

das ist ein Begriff, den man als Hausfrau (oder -mann) nur vom Kuchen-Tränken, vom Bonbon-Kochen oder vom Eis-Zubereiten kennt. Vereinzelt braucht man geläuterten Zucker auch für ganz feine, ganz frische Obstsorten. Beim Ansetzen einiger Schnäpse ist Läuterzucker unentbehrlich. Läuterzucker – das ist eigentlich nichts anderes als Zuckersirup, eine Zucker-Wasser-Lösung, zu unterschiedlicher Konzentration verkocht. Experten unterscheiden sieben Abstufungen vom sogenannten „Breitlauf" bis zum „Caramel".
Uns genügt es hier, die angegebene Zuckermenge mit der angegebenen Wassermenge (Falls diese nicht dabeisteht, nehmen Sie auf 1 kg Zucker ½ l Wasser; falls Sie die Schnäpse lieber weniger süß trinken, reduzieren Sie die Zuckermenge entsprechend.)
5–7 Minuten lang zu kochen und abzuschäumen. Dann nimmt man den Topf vom Feuer und läßt die Lösung langsam erkalten, bevor man sie weiterverarbeitet.

Filtrieren –

das ist etwas im täglichen Haushalt sehr Gebräuch-

liches. Bei der Schnapszubereitung nimmt man am besten Mull oder Filterpapier. Mull kann man in so vielen Lagen übereinanderlegen, wie es die Reinheit des Getränks erfordert. Sehr leicht arbeitet es sich mit einer Mullwindel in einem Passiersieb. Hervorragend eignen sich auch Kaffeefilter und grobes Filterpapier.

Ziehen lassen –

darf man frische oder getrocknete *Blätter* und *Blüten* von Kräutern immer nur wenige Tage. Dann muß der

Alkohol filtriert und weiterverarbeitet werden.
Bei *Wurzeln, Beeren* und *Früchten* dauert es zwischen
einer Woche und einigen Monaten, bis das gewünschte Aroma in den Alkohol gezogen ist.

Lagern –

soll man fertige „Selbstgebraute" möglichst lange.
Am besten an einem nicht zu hellen Ort. Sonnenlicht
schadet den Mixturen. Ruhe und langes Stehen bis zu
Monaten und Jahren sind für manche Schnäpse das
eigentliche Geheimnis.

Kühlen –

sollte man nur klare Schnäpse. Kräuterschnäpse
werden von Kennern nur leichtgekühlt bis handwarm
getrunken.

Wissenswert sind auch die Tips:

Notizen

Kräuter-Schnäpse

Wanzlebener Kräuter-Liqueur

(aus dem handschriftlichen Rezeptbuch des Apothe-
kers Johannes Engmann aus dem Jahre 1899)

gtt.	II	OL. Melissae
gtt.	V	OL. Calami
gtt.	V	OL. Menth. crisp.
gtt.	V	OL. Menth. pip.
gtt.	V	OL. Juniperi
gtt.	V	OL. Millefol.
gtt.	X	OL. Amygd. am.
gtt.	XX	OL. Absinthii
gtt.	XX	OL. Angelicae
50		Tinct. Zingiber.
50		Tinct. Gentian.
50		Tinct. aromatic.
50		Spir. aether. nitros.

10 g Essenz
250 g Sacchar.
420 g Spiritus
1000 g Aq. destill.

Zur Erklärung: Man nimmt 10 g der Essenz und
vermischt sie gut mit dem in dem destillierten Wasser
geläuterten Zucker und gibt den Spiritus dazu.
Stehen und ruhen lassen.

Die Tinktur kann bestellt werden (siehe Seite 113).

Wacholder-Schnaps

Frische Wacholderbeeren (schwarze), Klarer

Die frischen Wacholderbeeren, die man am besten im
September pflückt, werden gesäubert und zum
Trocknen ein paar Tage in den Schatten gelegt.
Dann zerstößt man sie leicht in einem Mörser, gibt sie
in eine Flasche und übergießt sie mit so viel Alkohol,
daß sie gut bedeckt sind. 1–2 Wochen an einem nicht
zu warmen Ort abstellen. Filtrieren, in eine neue
Flasche geben und einige Monate ruhen lassen, bis
sich die Flüssigkeit von selbst klärt. Erneut umgießen.
Der Schnaps ist fertig, wird durch längeres Stehen aber
noch besser. Vor Gebrauch muß man ihn kräftig
schütteln.

Tip: Wenn Sie keine frischen Wacholderbeeren haben,
können Sie auch pro Flasche 50–75 getrocknete
Beeren nehmen.

Vogelbeer-Schnaps

1 l Vogelbeeren, 1 l Spiritus, 1 l Wasser

Die Vogelbeeren, die man am besten nach dem ersten
Frost pflückt und gut verliest, übergießt man mit ½ l
Spiritus und ½ l Wasser. 14 Tage an einem warmen
Ort stehen lassen. Häufig schütteln und filtrieren.
Ansatz-Flüssigkeit in eine Flasche füllen und beiseite
stellen. Die Beeren werden erneut angesetzt, und zwar

mit dem restlichen Spiritus und Wasser. Man läßt sie 4 Wochen an einem warmen Ort stehen und schüttelt häufig. Filtrieren. Beide Flüssigkeiten gut miteinander mischen, in eine neue Flasche geben und ruhen lassen.

Wermut-Schnaps

4,5 g Garten-Wermut, 1 Flasche Klarer

Den Garten-Wermut pflückt man am besten Ende Juli. Man läßt die Pflanzen in der Sonne trocknen und bricht danach die Blätter und Sprößlinge in kleine Stückchen. Sie werden mit dem Alkohol übergossen und 3 Wochen an einem nicht zu warmen Ort stehen gelassen. Filtrieren, auf Flaschen ziehen und ruhen lassen (bis zu 2 Jahren und nach Geschmack sogar länger).
Tip: Wermut gibt es auch getrocknet in Apotheken.

Kerbel-Schnaps

Frischer Kerbel, Klarer

Der frische Kerbel wird gepflückt (am besten in den Monaten Juni, Juli, August), in eine Flasche gegeben und mit so viel Alkohol übergossen, daß er gut be-

deckt ist. 3 Tage ziehen lassen, dann filtrieren und in eine neue Flasche geben. Diese Essenz mit der kräftigen grünen Farbe und dem Duft von Anis ist bereits jetzt trinkfertig, sie gewinnt aber durch längeres Lagern. Man verdünnt sie mit Klarem oder Weinbrand.

Angelika-Schnaps

1 junger Angelikazweig, Klarer

Der Angelikazweig wird ganz frisch in eine Flasche gegeben und mit so viel Alkohol übergossen, daß er gut bedeckt ist. 3–4 Tage an einem nicht zu warmen Ort stehen lassen. Die Essenz erhält zunächst eine frühlingsgrüne Farbe, verfärbt sich aber nach ein paar Tagen gelblich. Die filtrierte Essenz ist bereits jetzt trinkfertig. Man verlängert sie mit Klarem oder mit Wodka.

Wodka smorodinówka

1 Handvoll junger, grüner, noch geschlossener Blätter der schwarzen Johannisbeere, ½ l Wodka

Die Johannisbeer-Blätter läßt man 3 Wochen an einem warmen Ort in dem Wodka ziehen. Filtrieren. Der hellgrüne Schnaps ist jetzt trinkfertig, gewinnt aber durch lange Lagerung. Man trinkt ihn eisgekühlt, am besten aus kühlgestellten Gläsern.

Walnuß-Schnaps Orzechówka

4 grüne Walnüsse, ½ l Klarer oder Wodka

Die Walnüsse werden geviertelt und mit Alkohol übergossen. An einem warmen Ort 4–6 Monate stehen lassen. Täglich schütteln. Filtrieren, auf eine Flasche ziehen und erneut stehen lassen. Dabei *nicht* schütteln. Sobald sich diese Essenz geklärt hat, kann man sie mit Alkohol verdünnen und trinken (dazu eignet sich Wodka besonders gut).

Zitronen-Schnaps

1 Zitrone, 250 ccm Spiritus, 500 ccm Wasser,
50 g Zucker, 100 ccm Wasser

Man gibt den Saft einer halben Zitrone und die hauchdünn abgeschälte Schale der ganzen Zitrone in den Spiritus, gießt 500 ccm Wasser dazu und fügt den in dem restlichen Wasser geläuterten Zucker ebenfalls bei. Alles gut vermischen. Die Flasche 5 Minuten lang in der Hand kräftig schütteln, dann muß sie liegend 24 Stunden im Kühlschrank ruhen. Filtrieren und in eine neue Flasche geben. Man trinkt diesen Schnaps eisgekühlt aus kaltgestellten Gläsern. Er braucht keine lange Lagerung.

Aromatisierter Wodka

1 Flasche Wodka, Schale von 1 Zitrone, Schale von
2 Apfelsinen, 250 g entsteinte Backpflaumen, 1 Handvoll
Pfefferminzblätter, 1 Stange Zimt

In den Wodka gibt man die übrigen kleingeschnitte-
nen Zutaten und läßt sie an einem sonnigen Ort
6–8 Wochen stehen und ziehen. Häufig schütteln.
Filtrieren und auf Flaschen ziehen. Nach 14 Tagen
erneut filtrieren. Dieser Wodka schmeckt schon jetzt,
gewinnt aber durch längeres Stehen.

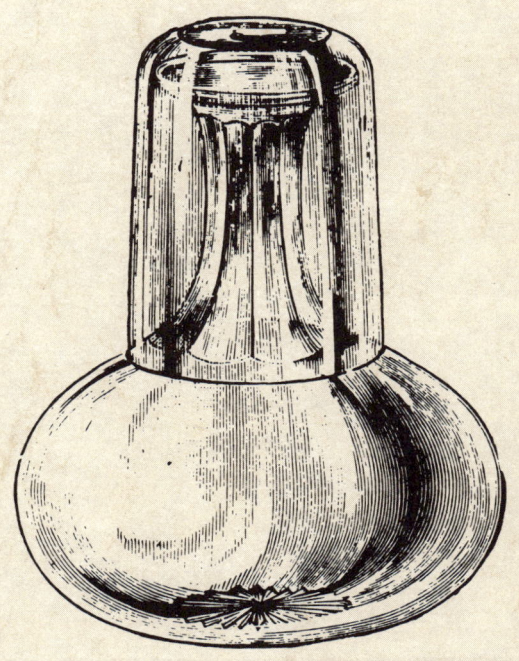

Eigene Rezepte & Notizen

Bitter

Apothekenbitter

10 g Tinctura aromatica

6 g Tinctura calami

6 g Tinctura gentianae

4 g Tinctura aurantii

4 g Tinctura zin giberis

2 g Tinctura chinae

2 g Tinctura amara

2 g Spiritus melissae

2 g Spiritus lavandulae

4 g Spiritus angelicae

4 g aqua amygdal. amar.

280 g Spiritus
320 g aqua dest.

Zuckerlösung aus 150 g Zucker und 120 g Wasser
Alles zusammengeben und unter häufigem Schütteln
ruhen lassen.

(Wer Glück hat, findet einen Apotheker, der ihm diese
Tinktur zusammenmischt . . .)

Die Tinktur kann bestellt werden (siehe Seite 113).

Magen-Bitter

100 g Pomeranzenschale, 24 g Sternanis, 8 g gewöhn-
licher Anis, 15 g Enzianwurzel, 15 g Alantwurzel,
8 g Tausendguldenkraut, 8 g Weinstein, 1 kg Zucker,
4 l Klarer

Die Gewürze werden 2–3 Wochen in dem Branntwein
belassen. Filtern und mit dem geläuterten Zucker
süßen. Auf Flaschen ziehen und ruhen lassen.

Magen-Bitter Äskulap

1,5 g Kardamom, 1,5 g Kubebenpfeffer, 3 g Tausend-
guldenkraut, 3 g Benediktenkraut, 1,5 g Enzianwurzel,
6 g Galantwurzel, 1 g Zimt, 6 g unreife Pomeranzen,
3,5 g Pomeranzenschale, 1 g Koriander, 1 g Kalmus-
wurzel, 0,5 g Nelken, 350 g Zucker, 350 ccm Wasser,
300 ccm Spiritus

Die Gewürze werden in einem Mörser grob zerstoßen
und mit 200 ccm Spiritus übergossen. An einem
warmen Ort 14 Tage abstellen. Häufig schütteln.
Filtrieren und mit dem in dem Wasser geläuterten
Zucker und dem restlichen Spiritus gut vermischen.
6 Wochen an einem nicht zu warmen Ort stehen
lassen. Erneut filtrieren, auf Flaschen ziehen und
ruhen lassen.

Die Kräutermischung kann bestellt werden
(siehe Seite 113).

Absinth

*65 g Anis, 8 g Sternanis, 60 g Fenchel, 8 g Koriander,
2 g Angelikawurzel, 4 g Süßholzwurzel, 4 g Kalmus-
wurzel, 15 g Wermut, 2 g Pfefferminzblätter, 4 g Kamille,
2 g Wacholderbeeren, 1 Tropfen Bittermandelöl,
1 l Klarer*

Man läßt sämtliche Zutaten 3–4 Wochen an einem

warmen Ort ziehen. Filtrieren, auf Flaschen ziehen
und ruhen lassen.

Die Kräutermischung kann bestellt werden
(siehe Seite 113).

Usqueba

25 g Nelken, 8 g Muskatnuß (gemahlen), 8 g Ingwer-
pulver, 8 g Kümmel, 8 g Sternanis, 50 g Rosinen,
75 g weißer Kandiszucker, 0,7 l Klarer

Die Gewürze werden zerstoßen, in eine Flasche gegeben und mit dem Alkohol übergossen. An einem
warmen Ort 14 Tage stehen lassen, währenddessen täglich schütteln. Noch weitere 3 Tage ruhen lassen, dann
abgießen, filtrieren, auf Flaschen ziehen und ruhen
lassen.

Die Kräutermischung kann bestellt werden
(siehe Seite 113).

Isländer

15 g Wacholderbeeren, 10 g Rosinen, 2,5 g Kardamom,

*1 Tropfen Bittermandelöl, 200 ccm Spiritus, 1 Schnaps-
glas Kognak, 60 ccm Kirschsaft, 250 ccm Wasser*

Sämtliche Zutaten werden gemischt und 2–3 Wochen
an einen warmen Ort gestellt. Häufig schütteln.
Filtrieren, auf Flaschen ziehen und ruhen lassen.

Benediktiner

*1,6 g Enzianwurzel, 0,4 g Nelken, 1,2 g Zimt, 0,8 g Pfef-
ferminzblätter, 0,8 g krause Pfefferminzblätter, 0,4 g
Absinth, 0,4 g Majoran, 0,4 g Thymian, 0,4 g Galantwurzel, 0,4 g Rhabarberwurzel, 0,6 g Lavendelblüten,
0,1 g Safran, 360 g Zucker, 240 ccm Wasser, 400 ccm
Spiritus, 200 ccm Wasser*

Sämtliche Gewürze (mit Ausnahme von Lavendelblüte und Safran) in dem Spiritus, zu dem man die
200 ccm Wasser gießt, ziehen lassen. Nach 45 Minuten
gibt man Lavendelblüte und Safran dazu und läßt alles
zusammen noch 15 Minuten stehen. Den Zucker in
240 ccm Wasser läutern und zu dem Alkohol gießen.
Filtrieren, auf Flaschen ziehen und ruhen lassen.

Die Kräutermischung kann bestellt werden
(siehe Seite 113).

Original=Rezept aus einer dänischen Handschrift aus
dem Jahre 1608 (aus der Neuen Königlichen
Sammlung Nr. 314 b 4)

Aqua vitae

3,5 g Zimtstange
2,1 g Ingwerpulver
1,1 g Galant=Wurzel
1,1 g Nelken
0,4 g Pfefferschoten
0,4 g Muskat
0,2 g Safran
53 g Zucker
1 Fl. Branntwein

Alles zusammen 24 Stunden ziehen lassen, dann
filtrieren und auf Flaschen ziehen. Ruhen lassen.

Eigene Rezepte & Notizen

Liköre aus dem Garten

Johannisbeer-Likör

(Grundrezept für Aufgesetzte)

150 g schwarze Johannisbeeren, 150 g weißer Kandis-
zucker, ½ Vanillestange, 1 Flasche Klarer

Die entstielten und gut gereinigten Johannisbeeren
werden mit dem Zucker und der aufgeschnittenen
Vanillestange in Flaschen gegeben und mit dem
Alkohol übergossen. 6–8 Wochen ziehen lassen.
Filtrieren, auf Flaschen ziehen und ruhen lassen.

Johannisbeer-Likör mit Kräutern

300 g schwarze Johannisbeeren, 300 g weißer Kandis,
5 g Fenchel, 5 g Anis, 5 g Kümmel, 1 Zweig frische
Pfefferminze, 1 l Klarer

Die gewaschenen und gut abgetropften Johannisbeeren gibt man in eine Flasche, schüttet Kandis und
Gewürze darüber und füllt mit dem Alkohol auf.
4–6 Wochen an einem nicht zu warmen Ort stehen
lassen. Filtrieren und auf Flaschen ziehen.
Ruhen lassen.

Cassis-Ratafia

1 kg schwarze Johannisbeeren, 30 Himbeeren, 2 Nelken,

10 Johannisbeerblätter, 500 g Zucker, ½ l Wasser,
3 Flaschen Weinbrand oder Kirschwasser

Die Johannisbeeren werden zerquetscht, zusammen
mit den Himbeeren, den Nelken und den Blättern in
eine Flasche gegeben und mit Alkohol übergossen.
An einem nicht zu warmen Ort 8 Wochen stehen
lassen. Zucker in dem Wasser läutern und dazugeben.
Filtrieren, auf Flaschen ziehen und ruhen lassen.

Gingerette

*500 g schwarze Johannisbeeren, 200 g Zucker, Schale
von 1 Zitrone, 4 g Ingwerpulver, 1 kleine Ingwerwurzel,
1 l Gin*

Die Johannisbeeren werden von den Stielen gepflückt,
gereinigt, zerquetscht und mit der sehr dünn abgeschälten Zitronenschale in den Gin gegeben. 3 Tage
stehen lassen. Filtrieren und zusammen mit dem
Zucker und dem Ingwer in eine neue Flasche geben.
An einem warmen Ort 8 Tage stehen lassen, dabei
häufig schütteln. Erneut filtrieren, auf Flaschen ziehen
und ruhen lassen.

Kirsch-Likör

*200 g Schattenmorellen, 200 g brauner Kandiszucker,
$\frac{1}{2}$ Zimtstange, 1 Nelke, Schale von $\frac{1}{2}$ Apfelsine, $\frac{3}{4}$ l Klarer*

Kirschen entsteinen und ein Viertel der Steine zer-
schlagen. Dieses Steinmus zusammen mit den
Kirschen, dem Kandiszucker und den Gewürzen in
eine Flasche geben und mit dem Alkohol übergießen.
8 Wochen an einem nicht zu warmen Ort stehen
lassen, dabei täglich schütteln. Filtrieren, auf Flaschen
ziehen und ruhen lassen.

Französischer Likör

1 l frisch ausgepreßter Kirschsaft, $\frac{1}{2}$ l frischer roter

Johannisbeersaft, 500 g Zucker, 2 l Klarer

Man preßt so viele reife, entsteinte Kirschen aus
(am besten nimmt man halb süße und halb saure),
daß man 1 l Saft erhält. Die Hälfte der Steine wird im
Mörser zerstoßen. Johannisbeersaft ebenfalls frisch
auspressen. Die beiden Säfte, die zerstampften Steine
und den Zucker so lange rühren, bis letzterer völlig
aufgelöst ist. Dann gibt man den Alkohol dazu, läßt
alles 6 Tage an einem warmen Ort ziehen und filtriert
es. Auf Flaschen ziehen und ruhen lassen.

Erdbeer-Likör

*250 g sehr reife Erdbeeren (am besten Walderdbeeren),
250 g weißer Kandiszucker, 1 Flasche Rum, Kognak oder
Kirschwasser*

Die Erdbeeren mit dem Kandiszucker in eine Flasche
geben und mit Alkohol übergießen. 3–4 Wochen an
einem nicht zu warmen Ort ziehen lassen und häufig
schütteln. Filtrieren, auf Flaschen ziehen und ruhen
lassen.

Himbeer-Likör

*1 l frisch ausgepreßter Himbeersaft, 500 g Zucker,
½ Zimtstange, 3 Nelken, 2 l Kognak*

Alle Zutaten werden gut vermischt und 4 Wochen an einem warmen Ort abgestellt. Filtrieren, auf Flaschen ziehen und ruhen lassen.

Englischer Ratafia

500 g Sauerkirschen, 250 g schwarze Kirschen, 300 g rote Stachelbeeren, 300 g Himbeeren, 250 g rote Johannisbeeren, 1 kg Zucker, 1 l Wasser, 0,5 g Nelken, 0,5 g Macis, 4 g Zimt, 10 g Koriander, 1 g Fenchel, 0,5 g Piment, 1 Tropfen Bittermandelöl, 4 Aprikosenkerne, 1½ Flaschen Kognak

Die Kirschen werden entsteint und zusammen mit den anderen Früchten im Mixer püriert. 5 Sauerkirschensteine, die Aprikosenkerne und die übrigen Gewürze werden im Mörser zerstoßen und zum Fruchtbrei gegeben. Den in dem Wasser geläuterten Zucker dazugeben und alles 14 Tage an einem warmen Ort stehen lassen. Filtrieren und mit dem Alkohol vermischen. Erneut 14 Tage warm stellen, noch einmal filtrieren und auf Flaschen ziehen. Ruhen lassen.

Die Kräutermischung kann bestellt werden (siehe Seite 113).

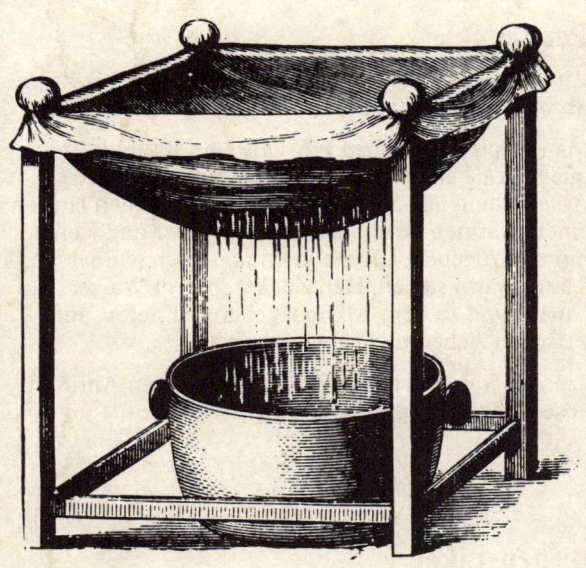

Pflaumen-Likör

Reife Zwetschen oder Pflaumen, klarer Schnaps,
flüssiger Bienenhonig

Reife Zwetschen oder Pflaumen werden gereinigt und
im Backofen etwas angetrocknet. Dann gibt man sie in
eine Flasche und übergießt sie mit gleichen Teilen
Schnaps und Bienenhonig, bis sie gut bedeckt sind.
Schütteln und stehen lassen. An einem sonnigen Platz
4–6 Wochen unter häufigem Schütteln reifen lassen.
Filtrieren und auf Flaschen ziehen. Ruhen lassen.

Persico

*250 g frische Pfirsichsteine, 8 g Nelkenpulver, 1 Prise
Kardamom, 1 kg Zucker, ½ l Wasser, ½ Flasche Klarer*

Man klopft die frischen Pfirsichsteine auf und zerquetscht sie ein wenig. Dann gibt man sie in den
Alkohol und läßt beides zusammen 4 Wochen lang an
einem warmen Ort stehen. Nelkenpulver und Kardamom dazugeben, gut schütteln und noch einmal
8 Tage warm stellen. Den Zucker in dem Wasser
läutern und zu dem Alkohol geben. Filtrieren, auf
Flaschen ziehen und ruhen lassen.

Tip: Als Variante ist ein Zusatz von einigen Apri-
kosensteinen möglich.

Birnen-Likör

*1 kg aromatische, reife Birnen, ½ l Pfirsichsaft,
250 g weißer Kandiszucker, ½ Stange Vanille, 1 kleine
Stange Kaneel, abgeriebene Schale von ½ Zitrone,
2 Eßlöffel Arrak, 2 kleine Stücke kandierter Ingwer,
2 l Birnenwasser (40%)*

Die Birnen werden geschält, in kleine Stücke geschnitten und langsam köchelnd in dem Pfirsichsaft gegart,
in dem man zuvor den Kandiszucker aufgelöst hat.
Vanillestange dazugeben. Abkühlen lassen und mit
den übrigen Zutaten gut vermischen. An einem

sonnigen Ort 6-8 Wochen stehen lassen, häufig
schütteln. Filtern und auf Flaschen ziehen.
Nach 14 Tagen erneut filtrieren. Stehen lassen,
bis sich der Likör von selbst klärt.

Quitten-Likör

*1 l frisch ausgepreßter Quittensaft, 500 g Zucker,
1 l Brandy oder Whisky*

Man reibt halbierte und entkernte Quitten und stellt
das Mus, mit etwas Zucker bestreut, 24 Stunden kalt.
Dann preßt man das Mus aus und filtriert den Saft,
bis er ganz klar ist. Es wird 1 l frischer Saft benötigt.
Diesen verrührt man mit dem restlichen Zucker und
dem Alkohol und gibt ihn in eine Flasche. 14 Tage an
einem nicht zu warmen Ort stehen lassen und häufig
schütteln. Filtrieren, auf Flaschen ziehen und ruhen
lassen.

Zitronen-Likör

*2 sehr saftige Zitronen, 1 Limone, 300 g weißer Kandis-
zucker, 1 Zimtstange, 1 gestrichener Teelöffel Koriander,
$\frac{1}{8}$ l Wasser, 1 l Kognak*

Der Kandiszucker wird mit $\frac{1}{8}$ l Wasser aufgekocht
und bei schwacher Hitze zu Zuckersirup eingekocht.

Abkühlen lassen. Zitronen und Limone hauchdünn
abschälen und zusammen mit dem Zuckersirup, dem
Saft aller Früchte, den Gewürzen und dem Alkohol in
Flaschen füllen. 2–3 Wochen an einem warmen Ort
stehen lassen. Filtrieren, auf Flaschen ziehen und
ruhen lassen.

Tip: Als Variante kann man den Saft anderer Zitrus-
früchte verwenden, auch gemischt.

Walnuß-Likör

*20 grüne Walnüsse, 2 Nelken, ½ Zimtstange,
350 g Zucker, ¾ l Wasser, ¾ l Spiritus*

Die grünen Walnüsse werden Ende Juni geerntet, grob
zerkleinert und zusammen mit den Gewürzen und
dem Alkohol in eine Flasche gegeben. 3–4 Wochen an
einem sonnigen Platz stehen lassen. Häufig schütteln.
Den Zucker in dem Wasser läutern und zum Alkohol-
gemisch geben. Filtrieren, auf Flaschen ziehen und
ruhen lassen. Der Nuß-Likör gewinnt durch lange
Lagerung.

Eigene Rezepte & Notizen

Liköre aus Feld und Flur

Schlehen-Likör

*500 g Schlehen (nach dem ersten Frost), ¹/₂ l Spiritus,
¹/₂ l Arrak, Saft von 1 Zitrone, Saft von 1 Apfelsine,
1 Stange Kaneel, ¹/₂ Stange Vanille, 1 Prise Nelkenpuder,
1 Prise Muskatnuß (gemahlen), 350 g weißer Kandiszucker, ¹/₂ l Wasser*

Mit einer Stopfnadel sticht man die gereinigten
Schlehen so oft wie möglich tief ein. Dann gießt man
sie in Flaschen und übergießt sie mit dem Gemisch
aus Spiritus, Arrak, Zitronen- und Apfelsinensaft,

Nelkenpuder, Muskatnuß, Vanillestange und Kaneel-
stange. Gut schütteln und fest verschlossen an einem
sonnigen Ort 4–6 Wochen stehen lassen. Häufig
schütteln. Filtrieren und mit dem im Wasser geläuterten Kandiszucker vermischen. Gut schütteln und
erneut 8–10 Tage stehen lassen. Noch einmal filtrieren
und auf Flaschen ziehen. Abstellen und ruhen lassen.

Preiselbeer-Likör

Reife Preiselbeeren, Zucker, Wasser, Klarer oder Wodka

Die sehr reifen Preiselbeeren gibt man in eine große,
weithalsige Flasche und übergießt sie mit so viel
Alkohol, daß sie gerade bedeckt sind. 2–3 Wochen an
einem warmen Ort stehen lassen; die Beeren verlieren
ihre rote Farbe. Filtrieren und mit Zuckerlösung vermischen (auf 1 l Flüssigkeit nimmt man 500 g Zucker,
der in ½ l Wasser geläutert wird). Erneut 14 Tage
stehen lassen. Filtrieren, auf Flaschen ziehen und
ruhen lassen.

Flieder-Brandy

*2½ l frischer Fliederbeersaft, 250 g Zucker, 3 Nelken,
½ Flasche Malz-Whisky*

Man preßt so viele reife Fliederbeeren aus, daß man die nötige Menge Saft erhält. Dieser wird filtriert, bis er klar ist. Dann kocht man ihn mit dem Zucker und den Nelken auf und läßt ihn abkühlen. Die Nelken herausheben, mit Alkohol vermischen und auf Flaschen ziehen. Ruhen lassen.

Hagebutten-Likör

250 g Hagebutten (am besten nach dem ersten Frost), 200 g Zucker oder Kandiszucker, ¼ l Wasser, 1 l Klarer oder Kirschwasser

Die Hagebutten werden gewaschen und so gesäubert, daß nur das Fruchtfleisch übrig bleibt. Dieses läßt man 14 Tage an einem warmen Ort in dem Alkohol ziehen. Dann klärt man den Zucker in dem Wasser und gibt die Lösung zum Alkohol. Filtrieren, auf Flaschen ziehen und ruhen lassen.

Melissen-Likör

1 Handvoll Melissenblätter, 500 g Zucker, 1 l Kirschwasser oder Klarer

Die Melissenblätter werden am besten bei sonnigem, trockenem Wetter gepflückt und in den Alkohol gelegt. 24 Stunden an einem warmen Ort stehen

lassen. Filtrieren und mit dem Zucker vermischen.
Einige Tage warm stellen, häufig schütteln, bis sich
der Zucker völlig aufgelöst hat. Filtrieren, auf
Flaschen ziehen und ruhen lassen.

Rosen-Likör

*125 g frisch gepflückte, stark duftende Rosenblätter,
Wasser, Zucker, 8 Korianderkörner, Zimt, Klarer oder
Kirschwasser*

Die Rosenblätter werden in ein Gefäß gegeben und
mit ½ l lauwarmem Wasser übergossen. Gut verschließen und 2 Tage ruhen lassen. Filtrieren und
dabei die Rosenblätter sanft ausdrücken. Nun vermischt man dieses aromatisierte Wasser mit der
gleichen Menge Alkohol, fügt auf je 1 l Flüssigkeit
Läuterzucker aus 250 g Zucker und ¼ l Wasser dazu
und gibt noch die Korianderkörner und eine Prise
Zimt hinein. Alles gut schütteln und dann 2–3 Wochen
an einen warmen Ort stellen. Filtrieren, auf Flaschen
ziehen und ruhen lassen.

Bärenfang

*350 g Imker-Honig, 2 Nelken, 1 Prise Zimt, ½ l Arrak,
1 l Klarer*

Man gibt den Honig in einen Stahl- oder Emailletopf
und läßt ihn bei geringer Hitze flüssig werden. Dann
gibt man die übrigen Zutaten vorsichtig darunter und
läßt alles bis zum Aufwallen bei ständigem Rühren
heiß werden. Abkühlen lassen und auf Flaschen
ziehen. Sehr lange ruhen lassen.

Eigene Rezepte & Notizen

Französischer Safran-Likör

0,5 g Safran
1 g Muskatnuß
1 g Zimt
1 g Angelikawurzel
1 g Rhabarberwurzel
0,3 g Kardamom
0,3 g Nelken
0,3 g Macis
1 g Koriander
1 g Anis
1 g Kümmel
3 g Süßholzwurzel
300 g Zucker
1/6 l Wasser
1 Flasche Kognak

Gewürze und Alkohol mischen und 14 Tage lang an
einem warmen Ort stehen lassen. Häufig schütteln.
Zucker im Wasser läutern und dazugeben. Filtrieren,
auf Flaschen ziehen und ruhen lassen.

Die Kräutermischung kann bestellt werden
(siehe Seite 113).

Anis-Likör

*1 Zitrone, 40 g Sternanis, 40 g Anis, 10 g Zimtstange,
400 g Zucker, 1 l Wasser, 2 l Klarer*

Die Schale der Zitrone wird sehr dünn abgeschält und
mit den zerstoßenen Gewürzen vermischt. Mit dem
Alkohol übergießen und 4 Wochen an einem warmen
Ort ziehen lassen. Zucker im Wasser läutern und
dazugeben. Filtrieren, auf Flaschen ziehen und ruhen
lassen.

Zimt-Likör

*1 Zimtstange, 8 g Zimtpulver, 150 g brauner Kandis,
1 l Weinbrand*

Kandis, Zimtstange und Zimtpulver in eine Flasche
geben, Alkohol darübergießen. Gut schütteln und fest
verschlossen 2 Monate an einem nicht zu warmen Ort
stehen lassen. Filtrieren und auf Flaschen ziehen.
Der Likör muß sehr lange lagern.

Christophlet

*12 g Zimt, 12 g Nelken, 12 g Kardamom, 12 g Kubeben-
pfeffer, 250 g Zucker, 1 Flasche guter Rotwein, 1 Flasche
französischer Kognak*

Die Gewürze werden im Mörser zerstoßen und zusammen mit dem Zucker in dem Rotwein auf kleiner Flamme zum Kochen gebracht. Abkühlen, den Kognak dazugießen und filtrieren. Auf Flaschen ziehen und ruhen lassen.

Kümmel-Likör

90 g Kümmel, 6 g Sternanis, 500 g Zucker, ¹/₂ l Wasser, 1¹/₂ l Klarer

Gewürze zerstoßen und zusammen mit dem Alkohol in große Weckgläser füllen. Luftdicht verschließen und im Wasserbad langsam erhitzen. 30 Minuten leicht köcheln lassen. Topf vom Feuer nehmen, die Weckgläser darin abkühlen lassen. Zucker im Wasser läutern und dazugeben. Filtrieren, auf Flaschen ziehen und ruhen lassen.

Ingwer-Likör

45 g Ingwerwurzel, 500 g Zucker, ¹/₈ l Wasser, 1 l Kognak oder Kirschwasser

Ingwer zerstoßen und zusammen mit dem Alkohol 2–3 Tage an einem warmen Ort stehen lassen, täglich schütteln. Zucker im Wasser läutern und dazugeben. Filtrieren, auf Flaschen ziehen und ruhen lassen.

Variante: Sehr gut schmeckt es, wenn man neben dem Ingwer noch 500 g zerquetschte schwarze Johannis-beeren dazugibt. Die Zubereitung bleibt dieselbe.

Gewürznelken-Likör

20 Sauerkirschen, 8 g Nelken, 15 g Koriander,
125 g Zucker, ¼ l Wasser, 1 l Klarer oder Kirschwasser

Sauerkirschen trocknen lassen. Dann gibt man sie mit den grob zerstoßenen Gewürzen in den Alkohol und läßt alles 2–3 Wochen an einem warmen Ort stehen. Täglich schütteln. Zucker im Wasser läutern und untermischen. Filtrieren, auf Flaschen ziehen und ruhen lassen.

Gewürz-Likör

*500 g Rosinen, 16 g Muskatnuß, 8 g Nelkenpulver,
8 g Kardamom, 1 Limone, 1 g Safran, 250 g brauner
Kandiszucker, 2 l französischer Kognak*

Limonenschale hauchdünn abschälen und zusammen
mit den Rosinen, den Gewürzen und dem Kandiszucker in den Alkohol geben. 2–3 Wochen an einem
nicht zu warmen Ort stehen lassen. Täglich schütteln.
Filtrieren, auf Flaschen ziehen und ruhen lassen.

Kurfürst

*90 g unreife Pomeranzen, 35 g Pomeranzenschale
(getrocknet), 3,6 g Nelken, 5,5 g Zimt, 1 g Kardamom,
9 g Ingwer, 200 g Zucker, 150 ccm Wasser, 350 ccm
Spiritus*

Die Gewürze werden im Mörser grob zerstoßen und
mit dem Alkohol und dem Wasser übergossen.
An einem nicht zu warmen Ort 8–10 Tage stehen
lassen. Häufig schütteln. Filtrieren, Zucker unterrühren und erneut abstellen. Sobald der Zucker
aufgelöst ist, noch einmal filtrieren, auf Flaschen
ziehen und ruhen lassen.

Die Kräutermischung kann bestellt werden
(siehe Seite 113).

Kaffee-Likör

1 Flasche Malzbier (300 ccm), 2 Eßlöffel feingemahlener Kaffee, 150–300 g Zucker (nach Geschmack), 0,1 g Vanillin, 200 ccm Spiritus

Malzbier und Zucker werden aufgekocht. Dann gibt man den Kaffee dazu und bringt die Flüssigkeit unter ständigem Rühren noch einmal zum Kochen.
Vom Feuer nehmen und durch ein Tuch gießen.
Nach dem Erkalten Spiritus und das darin gelöste Vanillin dazugeben. Gut schütteln, auf Flaschen ziehen und sehr lange ruhend lagern.

Eier-Likör

4 Eigelb, 200 g Zucker, ½ Vanillestange, ¼ l Milch, 100 ccm Spiritus

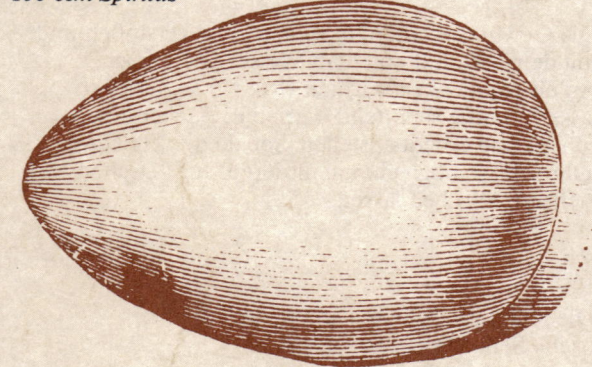

Eigelb mit dem Zucker schaumig schlagen. Vanillestange auskratzen und das Mark zu dem Eierschaum
geben. Milch und Spiritus untermischen. In eine
Flasche umschütten und an einem nicht zu warmen
Ort ruhen lassen.

Kakao-Likör

50 g Kakao, 2,5 g Vanillin, 400 ccm Spiritus,
280 ccm Wasser, 680 g Zucker, 260 ccm Wasser

Kakao, Vanillin, Spiritus und 280 ccm Wasser gut vermischen und 8 Tage an einem nicht zu warmen Ort
stehen lassen. Den Zucker in den 260 ccm Wasser
läutern und dazugeben. Filtrieren, auf Flaschen ziehen
und ruhen lassen.

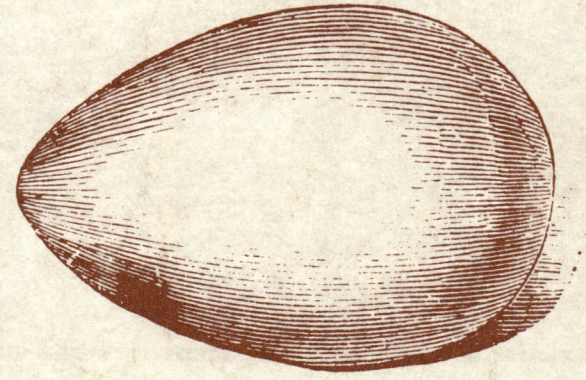

Eigene Rezepte & Notizen

Punsch heiß

Wassail-Bowle

„Die altenglische Weihnachts-Bowle, welche, am
Christabend bereitet, mit einem Kranz von Epheu
oder Stechpalme geschmückt und unter der Absin-
gung von Weihnachtsliedern, feierlich in die Bankett-
halle gebracht wurde. Noch jetzt braut man sie in
vielen Gegenden Englands als volksthümliches
Weihnachtsgetränk.“
(aus: Universal-Lexikon der Kochkunst, Leipzig, 1881)

1 kleine Muskatnuß, 2 Nelken, 2 g Ingwerpulver,
½ Zimtstange, 5 Korianderkörner, 5 Kardamomkörner,
1 Blättchen Macis, 650–750 g Zucker, ¼ l Wasser,
12 Eier, 4 Flaschen Wein (Weißwein, Portwein, Madeira
oder Sherry), Bratäpfel

Wasser mit der geriebenen Muskatnuß, Nelken,

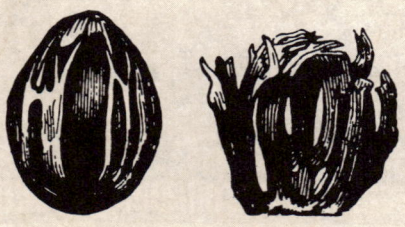

Ingwer, Zimt, Koriander, Kardamom und dem Macis-
blättchen aufkochen und noch heiß durch ein Tuch
gießen. Den Wein hinzufügen und bei ständigem
Rühren vorsichtig erhitzen. Nicht kochen.
Nach Geschmack süßen. Eigelb schaumig schlagen
und zusammen mit dem steifen Eischnee in das
Bowlengefäß geben. Löffelweise nach und nach das
erhitzte Getränk unterrühren. Schaumig schlagen.
Je Person einen mit der Schale gebratenen Apfel
einlegen. Sofort servieren.

Tip: Es ist einfacher, die Bratäpfel in Stücke zu
schneiden.

Die Kräutermischung kann bestellt werden
(siehe Seite 113).

Schwarzwälder Punsch

4 Zitronenscheiben, 8 Nelken, ½ Zimtstange,
100 g Zucker, ¼ l Traubensaft, ⅛ l Schwarzwälder
Kirschwasser, ½ Flasche Arrak, 2 Flaschen Sylvaner

Zitronenscheiben, Nelken, Zimt, Zucker und Traubensaft aufkochen und 10 Minuten köcheln lassen.
Sylvaner und Arrak dazugießen, unter Rühren
erhitzen, bis sich weißer Schaum bildet. Vom Feuer
nehmen, Kirschwasser hinzufügen, heiß servieren.

Hof-Punsch

2 Zitronen, 4 Apfelsinen, 1500 g brauner Kandiszucker,
1 l Wasser, 3 Flaschen Weißwein (nicht zu lieblich),
1 Flasche Arrak

Zucker im Wasser läutern und auskühlen lassen.
Mit dem Saft der Zitronen und Apfelsinen und der
abgeriebenen Schale von einer Zitrone und einer
Apfelsine sehr gut verrühren. Wein und Arrak darun-
termischen. Vorsichtig bis kurz vor dem Siedepunkt
erhitzen. In eine gewärmte Terrine geben und sofort
servieren.

Orangen-Punsch

3 mittelgroße Orangen, 1 Prise Zimt, 1 Prise Nelken,
1 Prise Muskatnuß, 1 kg weißer Kandiszucker, 1 Flasche
Arrak, 2 l Weißwein (nicht zu lieblich)

Wein, Arrak, Kandiszucker und die Gewürze gut
vermischen und unter ständigem Rühren langsam
erhitzen. Nicht kochen. Orangen in Scheiben schneiden, zugeben und noch 10 Minuten ziehen lassen.
Heiß servieren.

Whisky-Punsch

2 Zitronen, 200 g Zucker, ¾ l Wasser, ½ l Whisky

Man übergießt den Zucker mit dem kochenden Wasser und rührt so lange um, bis der Zucker aufgelöst ist. Dann gibt man die abgeriebene Schale der Zitrone und den Saft dazu und läßt alles 10 Minuten ziehen. Whisky dazugießen und servieren.

Tee-Punsch

1 Apfelsine, 2 Zitronen, 2 Zimtstangen, ½ l schwarzer Tee, 100 g brauner Kandiszucker, ½ Flasche Kognak, ½ Flasche Arrak, 1 Flasche Rotwein

Die hauchdünn abgeschälte Apfelsinenschale zusammen mit dem Zitronensaft und dem Kognak 1½–2 Stunden kühl stellen. Durchseihen und zusammen mit Tee, Kandiszucker, Zimtstange und Rotwein langsam erhitzen. Nicht kochen. Arrak unterrühren und heiß servieren.

Liebeserklärungs-Punsch

1 Zitrone, 6 Apfelsinen, 1 Vanillestange, 15 g getrocknete Orangenblüten, 15 g schwarzer Tee, 1 l Wasser, 1 kg Zucker, ¼ l Maraschino, 2 Flaschen trockener Weißwein, 2 Flaschen Rotwein (Medoc), 1 Flasche Madeira, 1 Flasche Arrak

Der Tee wird mit ½ l kochendem Wasser überbrüht und 5 Minuten beiseite gestellt. Abgießen. Zucker in

½ l Wasser läutern, die aufgeschnittene Vanillestange, die Orangenblüten dazugeben und ziehen lassen, bis der Läuterzucker abgekühlt ist. Durchseihen und mit dem Tee vermischen. Apfelsinensaft, Maraschino, Weißwein, Rotwein, Madeira und Arrak dazugeben und alles langsam erhitzen. Nicht kochen.
Heiß servieren.

Whist

10 g schwarzer Tee, ¼ l Wasser, 3 Zitronen, 250 g Zucker,
1½ l Rotwein

Tee mit dem kochenden Wasser überbrühen und
5 Minuten ziehen lassen. Abgießen und mit dem
Zitronensaft und dem Zucker vermischen.
Unter ständigem Rühren langsam erhitzen.
Nicht kochen! Den Rotwein dazugeben und noch
5 Minuten köcheln lassen. Heiß servieren.

Zitronen-Punsch

3 Zitronen, ½ l schwarzer Tee, 500 g Zucker,
½ l Wasser, ⅜ l Arrak, 2 Flaschen Weißwein (nicht zu
lieblich)

Zucker in dem Wasser läutern und mit den sehr dünn
abgeschälten Zitronenschalen und dem Saft der Zitronen 30 Minuten ziehen lassen. Durchseihen und mit
Tee, Weißwein und Arrak vermischen. Auf kleiner
Flamme vorsichtig erhitzen, aber nicht kochen. Heiß
servieren.

Friesen-Punsch

6 Apfelsinen, 2 Zitronen, 1 Vanillestange, 1 Zimtstange,
10 Nelken, 5 Teelöffel schwarzer Tee, 375 g Zucker,

⅜ l Wasser, 1 Flasche Rum

Die Schale von 2 Apfelsinen und einer Zitrone zusammen mit dem Zucker, den Nelken, dem Zimt und der aufgeschnittenen Vanillestange in dem Wasser 5 Minuten köcheln lassen. Tee, Apfelsinen- und Zitronensaft (von allen Früchten) dazugeben. Aufkochen und 5 Minuten zugedeckt ziehen lassen. Durchseihen und mit dem Rum vermischen. Vorsichtig erhitzen, nicht kochen! In eine Flasche oder Karaffe geben. Man läßt diesen Punschextrakt gut verschlossen stehen oder trinkt den Punsch sofort. Dazu gibt man einen Schuß Extrakt in ein Punschglas und füllt mit kochendem Wasser auf.

Kaffee-Punsch

½ l starker Kaffee, ½ l Portwein, ½ l Rum, weißer Kandiszucker nach Geschmack

Die Zutaten werden unter ständigem Rühren vorsichtig erhitzt. Nicht kochen! Sofort heiß servieren.

Eier-Punsch

6 Eier, 10 Eigelb, 2 Apfelsinen, 2 Zitronen, 600 g Zucker, ½ Flasche Arrak, 1 l Wasser, 1 Flasche trockener Weißwein

Eier, Eigelb und Zucker weißschaumig schlagen.

Wein und Wasser dazugeben und erneut durch-
schlagen. Unter ständigem Rühren im Wasserbad
erhitzen. Vorsichtig den Apfelsinen- und Zitronensaft
darunterziehen. Arrak hinzufügen und unter kräftigem Schlagen den Punsch heiß werden lassen.
Nicht kochen! Durchseihen und heiß servieren.

Warmbier

*1 Zitrone, ½ Zimtstange, 125 g Zucker, 3 Eidotter,
¼ l Sahne, ¼ l Rum, Kognak oder Arrak, 1 l helles
Bier*

Bier mit Zucker, Zimt und der sehr dünn abgeschälten
Zitronenschale aufkochen. Sahne, Alkohol und Eidotter gut verschlagen und unter ständigem Rühren in
das köchelnde Bier geben. Sehr schaumig schlagen
und sofort heiß servieren.

Bier-Schäumchen

*6 Eidotter, 1 Zitrone, 375 g Zucker, ¼ l Maraschino,
½ Flasche Weißwein (nicht zu lieblich), 2 l helles Bier*

Bier aufkochen und mit den gut verquirlten Eidottern
verrühren. Abgeriebene Zitronenschale, Zucker und
den Weißwein dazugeben. Unter Rühren erneut erhitzen, nicht kochen lassen. Vom Feuer nehmen und
unter kräftigem Schlagen Maraschino und Zitronensaft unterziehen. Schaumig servieren.

Eigene Rezepte & Notizen

Königspunsch

*2 Zitronen, 2 Apfelsinen, ¼ l starker Tee, 750 g Zucker,
¼ l Rotwein, ¼ l trockener Weißwein, ½ Flasche
Arrak, 1 Flasche Sekt*

Der Saft der Zitronen und Apfelsinen wird mit den
übrigen Zutaten (außer dem Sekt) gut vermischt und
kühlgestellt. Nach 30 Minuten mit dem Sekt aufgießen
und sofort servieren.

Kalter Tee-Punsch

*15 g schwarzer Tee, ½ l Wasser, 500 g Kandiszucker,
2 Apfelsinen, ½ Flasche Arrak, 1 Flasche Portwein,
1 Flasche trockener Weißwein*

Man übergießt den Tee mit dem kochenden Wasser,
läßt ihn 5 Minuten ziehen und gießt ihn ab. Zucker
und Apfelsinensaft dazugeben und abkühlen lassen.
Durchseihen und mit den übrigen Zutaten gut vermischen. Kühl servieren!

Kalter Crème-Punsch

*4 Zitronen, ½ Vanillestange, 1 kg Zucker, 2 l Wasser,
1 l Milch, 1 l Sahne, 2 Flaschen Arrak*

Wasser aufkochen, Zucker, Zitronensaft und die aufgeschnittene Vanilleschote dazugeben und erneut auf-

kochen lassen. Arrak dazugießen und unter Rühren stark erhitzen. Nicht kochen! Milch und Sahne vorsichtig unter kräftigem Rühren darunterziehen. Topf vom Feuer nehmen und gut zugedeckt 2 Stunden ruhig stehen lassen. Filtrieren und auf Flaschen ziehen. Dieser Punsch hält sich gekühlt einige Tage. Er wird sehr kalt getrunken.

Apfel-Bowle

8–10 aromatische Äpfel, 250 g Zucker, 8 weiße Pfefferkörner, Schale von 1 Zitrone, 10 g Zimtstange, 4 Nelken, 60 g Mandeln (gemahlen), 2 Flaschen Weißwein (nicht zu lieblich), 1 Flasche Sekt nach Geschmack

Die Äpfel werden geschält und in sehr dünne Scheiben geschnitten. Dann legt man sie in einen hohen Steintopf, streut den Zucker darüber und gibt die Gewürze und die hauchdünn abgeschälte Zitronenschale dazu. Weißwein darübergießen und alles gut zugedeckt 24 Stunden an einem kühlen Ort ziehen lassen. Filtrieren und je nach Geschmack mit Sekt aufgießen.

Ananas-Cardinal

1 frische Ananas, 1 kg Zucker, 1 l Klarer, 1 l trockener Weißwein, 1 Stengel frische Minze, 1 Stengel frische

Zitronenmelisse, 1 Flasche Sekt

Die Ananas wird in feine Scheiben geschnitten und
in eine Terrine gelegt. Mit Zucker bestreuen und
60 Minuten ziehen lassen. Wein und Klaren darübergießen und die Kräuter dazugeben. Erneut 2–3 Stunden an einem kühlen Ort ziehen lassen. Mit Sekt auffüllen.

Brabanter Maitrank
(aus dem 16. Jahrhundert)

*1 Handvoll Waldmeister (ohne Stiele), 6 Erdbeerblätt-
chen, 1 Maßliebchen-Pflänzchen, 1 Fünffingerkraut,
2 Himbeerblättchen, 2 Veilchenblüten, 2 Schafgarben-
blättchen, 5 Blätter der schwarzen Johannisbeere,
2 Flaschen trockener Weißwein, Zucker nach Belieben,
Sekt nach Geschmack*

Der Waldmeister wird mit so viel Wein übergossen,
daß er gut bedeckt ist. Man läßt ihn 2–3 Stunden
ziehen und filtriert dann den Extrakt. Die übrigen
Zutaten (außer dem Sekt) vermischt man gründlich,
gibt den Waldmeister-Extrakt dazu und läßt alles zusammen noch 20–30 Minuten kühl stehen. Durchseihen und nach Belieben mit Sekt auffüllen.

Großmutters Maiwein

*3 Zitronen, 125 g Zucker, 60 g Zitronenmelisse,
60 g Johannisbeerblätter (schwarze), 15 g wilder
Thymian, 15 g Pfefferminze, 10 g Estragon, 5 Salbei-
blätter, 1 Prise Lavendel, 1 Flasche trockener Weißwein,
1 Flasche lieblicher Weißwein, Sekt nach Geschmack*

Sämtliche Zutaten (außer dem Sekt; die Zitronen
werden in Scheiben geschnitten) in ein Bowlengefäß
geben und 30–60 Minuten an einem kühlen Ort ziehen
lassen. Durchseihen und mit dem Wein auffüllen.
Eventuell zuletzt den Sekt angießen.

Rosen-Bowle

3 frisch erblühte, duftende Rosen, Zucker nach
Geschmack, 1 Flasche trockener Weißwein,
1 Flasche Rotwein, ¹/₁₀ l Kognak, 1 Flasche Sekt

Man vermischt den Weißwein mit dem Rotwein und
gibt den Kognak unter Rühren hinzu. Die Rosen-
blüten hineinlegen und 15 Minuten ziehen lassen.
Durchseihen und nach Geschmack süßen. Sehr gut
kühlen und direkt vor dem Servieren mit sehr kaltem
Sekt übergießen.

Veilchen-Bowle

1 Handvoll Veilchenblüten, 2 Apfelsinen, Zucker nach
Geschmack, 2 Flaschen Weißwein, 1 Flasche Sekt

Die Veilchenblüten werden mit dem Saft der Apfelsinen übergossen und mit dem Weißwein kühlgestellt.
3–4 Stunden ziehen lassen. Durchseihen und nach
Geschmack mit geläutertem Zucker süßen. Kurz vor
dem Servieren mit Sekt auffüllen.

Apfelwein-Bowle

1 Eßlöffel grüner Tee, 150 g Zucker, 6–8 frische Salat-
gurkenscheiben, 6–8 Borretschblätter, 2 Blatt Salbei,
1 Flasche Apfelwein, ¹/₂ l Brandy, ¹/₄ l Wasser,
1 Flasche Sekt nach Geschmack

Man übergießt den grünen Tee mit ¼ l kochendem
Wasser und läßt ihn 15 Minuten ziehen. Abgießen und
mit dem Zucker, den Gurkenscheiben, den Bor-
retschblättern und dem Salbei vermischen und kalt
werden lassen. Brandy, Apfelwein und Wasser dazugeben und 30 Minuten ziehen lassen. Durchseihen
und nach Geschmack mit Sekt auffüllen.
Kühl servieren!

Notizen

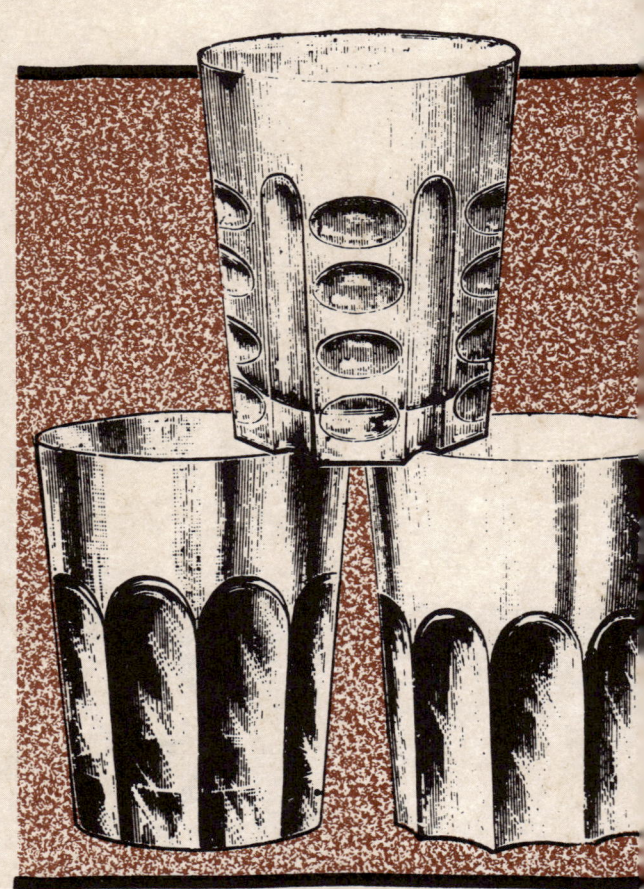

Kleine Schnapsologie

Der Beginn der Schnaps-Geschichte liegt heute fast 5000 Jahre – vermutlich sogar länger – zurück. Da sich die Historie des Alkohols im Halbdunkel der Vorzeit verliert, sind genauere Angaben nicht möglich. Belegt ist jedoch, daß die Ägypter schon vor 5000 Jahren nicht weniger als 28 Sorten Wein gekannt haben, den sie aus Trauben oder dem Saft der Dattelpalmen kelterten. Bier braute man aus Hirse, Weizen oder Datteln. Auch Stutenmilch, Hanfblätter, Giftschwamm oder Honig wurden durch Gärung zu berauschenden Getränken verarbeitet.

Auf Branntwein allerdings mußte die Menschheit noch ein paar Jahrtausende warten. Zwar beschrieb schon der große Arzt und Naturforscher Aristoteles (384–322 v. Chr.) das physikalische Grundprinzip der Destillation, doch leitete er daraus keine praktischen Anwendungsverfahren ab. In Rom labte sich Plinius der Ältere an erhitztem Wein; das scheint aber eher ein früher Vorläufer des Punsches gewesen zu sein als ein „gebrannter Wein". Als 711 n. Chr. die Araber Spanien eroberten, gründeten sie dort Schulen und Universitäten, von denen Bildung und Wissen auf ganz Europa ausstrahlten. Maurische Gelehrte stießen bei ihrer Suche nach dem Lebenselixier auch auf den Alkohol – so jedenfalls nannte Paracelsus später die Flüssigkeit nach den arabischen Wörtern Al-co-hue, was soviel bedeutete wie „feingemahlenes Glanzpulver für Augenschminke". Denn die Araber benutzten den Alkohol als Lösungsmittel für kosmetische Zwecke, und nicht als Rauschtrunk.

Das aqua ardens, das „brennende Wasser", wie Marcus Graecus den durch Destillation von Traubensaft gewonnenen Alkohol nannte, hielt bald auch Einzug in die christlichen Klöster. In den Kellern und Experimentierstuben wurden aus Kräutern und Alkohol magenfreundliche Kräuterliköre gebraut – die ersten Vorläufer der heutigen Magenbitter. Allerdings tat sich die Kirche zwischendurch schwer mit dem „Wasser des Lebens". In einer Abschrift der wohl ältesten Beschreibung des Destilliervorganges, die im 12. Jahrhundert angefertigt wurde, vermeidet der Herausgeber ängstlich das Wort Alkohol und umschreibt es aus Furcht vor dem Verdacht, mit dem Teufel im Bunde zu stehen.

Dennoch ist es ein Mönch – der Franziskaner Ramon Llull, der dem Alkohol in Europa zum Durchbruch verhalf. Der 1232 in Palma de Mallorca geborene Mystiker, von dem zahlreiche philosophische Abhandlungen und religiöse Schriften stammen, kam 1283 an die Universität der französischen Stadt Montpellier. Hier traf er auf den großen Alchimisten und Arzt Arnaud de Villeneuve. Gemeinsam versuchten sie, neben den bekannten Elementen Erde, Wasser, Luft und Feuer ein fünftes Element zu schaffen. Aus der Vereinigung von Feuer und Wasser (Wein) erhielten sie aqua ardente, gebranntes Wasser. Sie sahen darin die Grundlage für den „Stein der Weisen". Der Alkohol trat seinen Siegeszug als Medizin an. Bereits 1320 wurden von Modena große Mengen nach Deutschland exportiert – als Mittel gegen die Pest.

Paracelsus, der große Arzt des Mittelalters (1493–1541), gab dem „gebrannten Wasser" endgültig seinen für die Wissenschaft eindeutigen, arabischen Namen – Alkohol. In seinen „Chinesischen Psaltern" hatte Paracelsus alle Stoffe in männliche und weibliche eingeteilt. Eine „Vermählung" – im alchimistischen Sinne eine innige Verbindung von Stoffen – konnten nach seiner Überzeugung nur verschiedengeschlechtliche Elemente miteinander eingehen. Der Alkohol bot sich für eine solche Paracelsus'sche Ehe geradezu an, denn er verband sich mit den Duftstoffen von Kräutern, Früchten, Wurzeln und Blüten in idealer Weise. So spielte der Aquavit in der Heilkunst Paracelsus' eine bedeutende Rolle.

In seinem 1596 in Schleswig erschienenen Werk „Eine kleine Unterweisung" schrieb der Arzt Hans Cr. Bartsker: „Mancherlei Branntweine schaden Haupt und Herzen, aber der Aquavit, der aus verschiedenen Kräutern und Wurzeln hergestellt ist, dieser Aquavit hat aller Kräuter Kraft und Macht, Menschen von Krankheiten zu heilen . . ." Bartsker ahnte, was seine Zeitgenossin, die Kurfürstin Anna von Sachsen, lange schon bewies: Daß nämlich den Kräutern nicht nur eine magische Kraft innewohnte, sondern daß sie auch eine ganz konkrete therapeutische Wirkung hatten.

Die experimentierfreudige „Mutter Anna", wie sie in liebevollem Respekt von ihren Landeskindern genannt wurde, hatte sich nämlich, ebenso wie auch ihr vielseitiger Gemahl August, dem Studium der Heilkunst

verschrieben. Wo immer sie eines der (oft streng
geheimen) „Artzney-Büchlein" habhaft werden
konnte, ließ sie es für den eigenen Bedarf kopieren.
Proben ihrer Destillier- und Digestierkunst verschickte
sie in alle Ecken Europas, sie schrieb an Kaiser und
Könige, bat Förster und Alchimisten um Kräuter und
Wurzeln. Sie bereitete ihre „Artzeney" nicht nur aus
Eichensprößlingen und Vogelbeeren, aus Wolfs-
herzen, Eselsmilz und Bärenfett, sie experimentierte
auch mit dem Moos verblichener Menschenknochen,
mit tausendjährigen Elefanten-Stoßzähnen, mit dem
Elfenbein des Eiszeit-Mammuts (das die Kraft des
legendären Einhorns an seinen Konsumenten weiter-
geben sollte). Vor allem aber benutzte sie ihre Aquae
vitae als „wahres Lebenselixier, als treffliches Medica-
ment zur Stärkung und Erhaltung des Körpers und
des Geistes". An allen Fürstenhäusern der alten Welt
waren ihre Aquavite begehrt. Als die vitale Kurfürstin
1585 in Dresden das Zeitliche segnete, hinterließ sie
neben einem umfangreichen Korrespondenz-Archiv
und allerlei denkwürdigen Schriften zu den unge-
wöhnlichsten Themen auch 181 Rezepte für deftige
Kräuterschnäpse und andere hochgeistige Getränke.
Harte Schnäpse also sind keineswegs nur Sache harter
Männer (gewesen).

Was wächst wann wo?

Angelika – Juli, August – feuchte Wiesen

Borretsch – Mai bis September – meist im Garten, wird ab Mai alle vier Wochen ausgesät, vereinzelt auch wild

Estragon – August bis Oktober – meist im Garten, Aussaat im Frühjahr oder Pflanzen August/September

Fünffingerkraut – Juli, August – in Gräben, Wiesen, an Wegrändern

Heide-Nelke – Juni bis September – sehr seltene Pflanze, auf trockenen Wiesen, in Kiefernwäldern

Himbeersprossen – im Garten

Ilex (Stechpalme) – Mai bis Juli – Zierpflanze, in Gärten und Wäldern

Johannisbeerblätter – im Garten

Johanniskraut – Juni bis August – an Wegesrändern, trockenen Wiesen, Trockenhängen

Kalmus-Wurzel – Juni, Juli – an Gräben, Teichen und feuchten Stellen im Wald

Kamille – Mai bis September – auf Äckern und im Ödland sehr verbreitet

Kerbel – Mai bis September – meist im Garten, wird ab März alle vier Wochen ausgesät

Kiefern – in trockenen Wäldern, in Gärten als Zierpflanze

Lavendel – in vielen Gärten als Zierpflanze, sonst nur am Mittelmeer

Löwenzahn – überall und außer im Winter immer

Maßliebchen = Gänseblümchen – überall auf Wiesen und in Gärten, außer im Winter immer

Melisse – Juni bis August – meist im Garten, pflanzen ab Ende April

Pfefferminze – Juni, Juli – meist im Garten, im Frühjahr pflanzen

Pimpinelle – Juni bis September – auf Wiesen, seltener in Gärten angebaut

Porst = Gagelstrauch – Mai und Juni – Hochmoore

Rainfarn – Juni bis September – an Weges- und Wiesenrändern, an Hecken

Reseda-Blüten – Juli bis Oktober – Gartenpflanze, seltener verwildert.

Salbei – Juni, Juli – meist im Garten, Ende Mai pflanzen

Schafgarbe – Juni bis Oktober – trockene Wiesen, Ödland

Schlüsselblumen – April, Mai – in lichten Wäldern

Sonnentau – geschützt! – Juni bis August – im Moor

Tannen bzw. Fichten – im Wald

Tausendguldenkraut – Juli bis September – Wiesen-
waldlichtungen und Trockenhänge

Thymian – Juni bis September – meist im Garten
(Frühjahr pflanzen), blüht aber auch wild in trockenen
Heidegebieten

Veilchen – Wälder und Bachufer

Vogelbeeren – Früchte ab September bis nach den
ersten Frösten – Wegesränder

Wacholderbeeren – ab September – Heiden, Nadel-
wälder, häufiger in Gärten

Waldmeister – April, Mai – Wälder

Walnüsse – September, Oktober – in Gärten,
im Süden auch wild

Wermut – Garten-Wermut – von Juli bis September in
Gärten oder Ödland, im Frühjahr pflanzen
Strand-Wermut von August bis Oktober auf Strand-
wiesen

Das gibt es in der Apotheke

Absinth = Wermut
Alantwurzel
Aloe
Angelikatinktur
Angelikawurzel
Anis
Benediktenkraut
Enzianwurzel
Fenchel, grobkörnig und feinkörnig
Galantwurzel
Ingwerwurzel, auch als Pulver
Kalmuswurzel
Kamille
Kardamom
Koriander
Kubebenpfeffer
Kümmel
Lavendelblüten
Lerchenschwamm
Majoran
Mandeln (süße)
Macis = Muskatblüte
Muskatnuß
Nelken, ganz und als Pulver
Orangenblüten, getrocknet
Pfefferkörner, weiß und schwarz
Pfefferminzblätter
Piment
Pomeranzen, unreife

Pomeranzenschale, getrocknet
Rhabarberwurzel
Safran
Sandelholz, rotes
Sennesblätter
Spiritus = Weingeist (90%)
Sternanis
Süßholzwurzel
Tausendguldenkraut
Thymian
Vanillin
Vanillestangen
Veilchenwurzel
Wacholderbeeren
Wermut = Absinth
Weingeist = Spiritus
Weinstein
Zimt, als Stange und als Pulver
Zittwersamen

Schnaps ist nicht gleich Schnaps

In den Begriffsbestimmungen für Spirituosen, die der Bund für Lebensmittelrecht und Lebensmittelkunde e. V. in Bonn herausgegeben hat, finden sich die exakten Abgrenzungen für sämtliche alkoholischen Getränke. Hier einige für dieses Buch wichtige Auszüge:

Aquavit

ist ein Branntwein, der unter Verwendung eines Destillats von Kräutern, Gewürzen oder Drogen hergestellt ist und einen deutlich wahrnehmbaren Kümmelgeschmack aufweist. Die Beigabe anderer würzender Stoffe sowie die Zugabe von Zucker ist erlaubt. Alkoholgehalt mindestens 40 Raumhundertteile.

Arrak

ist ein Branntwein, der durch Vergären und Destillieren von Reis, Zuckerrohrmelasse oder zuckerhaltigen Pflanzensäften gewonnen wird und durch den im Ursprungsland üblichen Herstellungsvorgang diejenigen charakteristischen Eigenschaften erhalten hat, die man von einem Arrak erwartet.

Aufgesetzter

wird entweder durch Aufsetzen von schwarzen Johannisbeeren in Sprit oder Korn oder durch Mischen von Sprit
oder Korn mit dem Saft von schwarzen Johannisbeeren
hergestellt. Der Alkoholgehalt beträgt 32 Raumhundertteile.

Branntweine

sind extraktfreie oder extraktarme Spirituosen mit oder ohne
Geschmackszutaten. Der Alkoholgehalt muß mindestens
32 Raumhundertteile betragen, soweit nicht besondere
Bestimmungen vorliegen. Edelbranntweine sind insbeson-
dere Branntweine aus Korn, Obst und Zuckerrohr, die einen
besonders wertvollen Geschmack und Geruch aufweisen,
sowie Qualitätsbranntweine aus Wein.

Gin

ist ein Branntwein, der unter Verwendung von Destillation
aus Wacholderbeeren und würzenden Stoffen hergestellt ist.

Klarer

ist ein wasserklarer Branntwein, der ohne oder mit gering-
fügigen Geschmackszusätzen aus Alkohol jeder Art und
Wasser hergestellt ist; der Mindestalkoholgehalt beträgt
32 Raumhundertteile.

Korn

Kornbranntwein, Kornbrand oder Korn sind die Bezeichnungen – wie auch andere, die mit den Worten Korn, Weizen, Roggen oder Getreide gebildet sind – für Branntwein, der ausschließlich aus Roggen, Weizen, Buchweizen, Hafer oder Gerste in Deutschland oder Österreich hergestellt und nicht im Würzeverfahren gewonnen ist. Der Alkoholgehalt muß mindestens 32 Raumhundertteile betragen. Edelkorn, Kornbrand, Doppelkorn und Eiskorn sind Kornbranntweine mit einem Alkoholgehalt von mindestens 32 Raumhundertteilen.

Liköre

sind Spirituosen mit Zusatz von Zucker und Grundstoffen oder Essenzen. Kräuter-, Gewürz- und Bitterliköre sind Spirituosen, hergestellt mit Fruchtsäften und/oder Pflanzenteilen, natürlichen ätherischen Ölen, natürlichen Essenzen und mit Zucker.

Obstbranntweine

aus Steinobst, Beeren und sortenreinen Äpfeln und Birnen sind ausschließlich aus der betreffenden frischen, voll vergorenen Obstfrucht oder deren Fleisch oder Saft ohne Zusatz von zuckerhaltigen Stoffen, Zucker oder Alkohol anderer Art gewonnen. Es gibt sie unter Bezeichnungen wie Kirschwasser, Zwetschenwasser etc.

Rum

ist ein Branntwein, der durch Vergären und Destillieren von
Zuckerrohrsaft, -melasse, -sirup oder anderen bei der Rohr-
zuckerherstellung anfallenden Stoffen gewonnen wird und
durch den im Ursprungsland üblichen Herstellungsvorgang
diejenigen charakteristischen Eigenschaften erhalten hat,
die gemeinhin von einem Rum erwartet werden.

Rum-Verschnitt

ist eine Mischung von Rum und Alkohol anderer Art, der
Anteil an Alkohol aus Rum muß mindestens 5% des Gesamt-
alkohols des trinkfertigen Erzeugnisses betragen. Rum und
Rum-Verschnitt können auf Trinkstärke herabgesetzt werden.
Der Alkoholgehalt von Rum und Rum-Verschnitt beträgt
mindestens 38 Raumhundertteile.

Steinhäger

ist ein Branntwein, der ausschließlich durch Abtrieb unter
Verwendung von Wacholderlutter aus vergorener Wacholder-
beerenmaische hergestellt ist.

Wacholder

ist ein Branntwein, der aus Sprit und/oder Korndestillat unter
Hinzufügung von Wacholderdestillat und/oder Wacholderlutter hergestellt ist.

Whisky

wird aus Destillaten verzuckerter und vergorener Getreide-
maischen hergestellt. Die Gewinnung von Malzbranntwein
kann auch im Würzeverfahren erfolgen.

Wodka

ist ein Branntwein, der aus Sprit und/oder Korndestillat nach
besonderem Verfahren und/oder mit geringen Zusätzen hergestellt wird. Alkoholgehalt mindestens 40 Raumhundertteile.

Kräuterversand

Folgende Tinkturen und Kräuter-Mischungen können Sie bestellen:

Bitte schreiben Sie an:

Kräuterversand
Bergstraße 26
2305 Heikendorf

Notizen

Register

Register

In dieser Reihe sind erschienen:

Münsterländische Küchenschätze
Schwäbische Küchenschätze
Bayerische Küchenschätze
Norddeutsche Küchenschätze
Hessische Küchenschätze
Rheinische Küchenschätze
Fränkische Küchenschätze
Romantisches Kochbuch aus Rothenburg o. d. T.
Berliner Küchenschätze
Pfälzisch-Saarländische Küchenschätze
Wiener Küchenschätze
Tiroler Küchenschätze
Salzburger Küchenschätze
Schweizer Küchenschätze
Elsässer Küchenschätze
Das kleine Backbuch für Kuchen und Torten
Das kleine Buch der Küchenkräuter
Das kleine Rumtopfbuch
Das kleine vegatarische Kochbuch
Das kleine Camping-Kochbuch
Das kleine Brotbackbuch
Meine Küchenschätze (Leerkochbuch)
Das kleine Kochbuch für 1 Person
Das Schinderhannes-Kochbuch
oder: das kleine Kochbuch aus dem Hunsrück
Wildfrüchte – selbst gesammelt und zubereitet

Fragen Sie Ihren Buchhändler oder schreiben Sie uns:
Wir schicken Ihnen gern unser Verlagsverzeichnis.